La bataille des slips

Anne-Isabelle Lacassagne travaille dans une médiathèque. Elle est également l'auteur de nombreux récits pour les enfants qui paraissent régulièrement dans la presse. Elle aime organiser des ateliers d'écriture dans les écoles. Elle a aussi écrit un roman pour adultes, publié en janvier 2017.
Elle a un site : www.anne-isabellelacassagne.com

Fred Benaglia est né à Antibes et vit à Paris. Il est directeur artistique chez Bayard Presse. C'est un illustrateur passionné qui a travaillé sur de nombreux ouvrages jeunesse chez divers éditeurs. Il dessine également pour la presse, française et étrangère.

Troisième édition - mai 2018

Date de dépôt légal : avril 2017
ISBN : 978-2-7470-8079-8
Loi 49-956 du 16 juillet 1949 sur les publications destinées à la jeunesse
Imprimé en France par Pollina - 84858b

Anne-Isabelle Lacassagne • Fred Benaglia

La bataille des slips

J'AIME LIRE

DANS LA FAMILLE DE Juliette IL Y A

Chapitre 1

À table !

Dans la famille de Juliette, il y a trois enfants : Juliette, Maxou et Toto.

Maxou pourrait être un super petit frère. C'est juste que, comment dire… Il n'est jamais d'accord avec Juliette. Même pas un petit peu, même pas pour lui faire plaisir, même pas une fois de temps en temps. Pour un oui, pour un non, pour la couleur des crayons, pour se servir en bonbons, ils se disputent.

Quant à Toto, à quatre ans, il est bien trop jeune pour se disputer. Pour Juliette, c'est encore un bébé.

Ce soir, c'est au tour de Maxou de mettre le couvert. Sauf qu'il a disparu, comme un magicien, sans laisser aucune trace. Ça lui arrive souvent. Surtout quand on lui demande un service.

Cela tombe mal car les parents de Juliette sont **débordés.** Papa prépare le dîner et Maman essaie de redémarrer l'ordinateur qui s'est arrêté.

– Toto, demande Papa, tu peux mettre le couvert ?

- J'suis trop p'tit, répond Toto, en collant vite son pouce dans sa bouche.

Juliette essaie de se cacher derrière un fauteuil.

Trop tard, elle a été repérée.

– Allez Juliette, dit Maman. Mets le couvert à la place de ton frère.

– J'AI MAL AU VENTRE, proteste Juliette.

Papa soupire.

– Je t'ai vu gambader il y a trois minutes.

– Pas le moindre petit mal au ventre, ajoute Maman. Alors vas-y.

– C'EST VRAIMENT PAS JUSTE, grommelle Juliette en attrapant les assiettes.

Et il lui semble entendre un ricanement, qui vient du fond de l'appartement.

Une fois le couvert mis, Juliette décide de se venger. Qu'est-ce qu'elle pourrait bien faire pour ennuyer son frère ?

Soudain, elle repère la pile de linge, pas loin. Tout en haut du panier, il y a le slip préféré de Maxou, un slip **SUPERMAN.**

Elle ne sait pas pourquoi, c'est son habit chéri, celui qu'il plie dans son tiroir en lui parlant. Il lui fait même des petits bisous.

Juliette le répète souvent :

« Maxou est complètement ZINZIN ! »

mais personne ne la croit.

– Tant pis pour toi, Superman, murmure-t-elle. T'avais qu'à mettre le couvert.

Et elle vole le slip Superman.

CHAPITRE 2

Où est mon slip ?

Le lendemain matin,
Maxou cherche partout.
– Maman, mais où tu l'as mis, mon slip Superman ?
– Dans le panier.
– Mais il n'y est pas !
– Alors… sur l'étendoir.

Mais sur l'étendoir, il n'y a rien ! Ni dans le panier à linge sale, ni dans les tiroirs, nulle part.
Le slip Superman a disparu !

– Prends-en un autre, dit Maman. La couleur de ton slip n'a aucune importance.

– Bien sûr que si ! crie Maxou.

Toute la famille se tourne vers lui :

– Comment ça ?

Maxou rougit puis il répond :

– C'est un secret.

– Lequel ? demande Juliette d'un air malicieux.

– Lequel ? répètent les parents.

Mais Maxou refuse de répondre. Fixant Juliette, il hurle :

– C'est elle qui me l'a **volé** !

– N'importe quoi, répond Maman, en poussant de gros soupirs.

– Range ta chambre, propose Papa, et tu le retrouveras.

Juliette lui sourit puis elle précise :

– Mon petit Maxou, les filles, ça met des culottes.

– C'est elle, répète Maxou.

– Mais pourquoi je l'aurais pris, alors ? répond Juliette.

– RENDS-LE-MOI, chuchote Maxou.

Juliette secoue la tête.

Maxou a l'air tellement malheureux que Toto lui propose :

– Tu veux mon slip Babar ? Il est trop beau.

L'idée de Toto fait beaucoup rire Juliette, mais pas Maxou.

– Il est trop p'tit, ton slip ! répond-il, vexé.

Juliette continue de rigoler et Maxou sent qu'il va exploser. Sa sœur, il va la ratatiner.

– Voleuse de slip, malheur à toi, gronde-t-il.

CHAPITRE 3

Où sont mes culottes ?

Le lendemain matin, quand Juliette veut s'habiller, elle a presque oublié cette histoire de slip. Seulement voilà, quand elle ouvre le tiroir de sa commode, rien. Sa pile de culottes a disparu !

À son tour, elle vérifie sur l'étendoir, fouille le panier à linge. **Rien de rien !** C'est l'horreur. Mais comment il a fait ?

– **Maxou !** crie Juliette en se précipitant dans la cuisine.

Maxou !

Puis, comme tout le monde la regarde, elle dit, gênée, d'une toute petite voix :

– Ça ne va pas recommencer ! soupire Papa.

– Rangez mieux vos chambres ! dit Maman.

– **C'est lui !** hurle Juliette.

Maxou lève les yeux au ciel puis il ajoute :

– Ma petite Juliette, les garçons, ça met des slips. Qu'est-ce que tu veux que j'en fasse, de tes culottes ?

Cette fois, Juliette ne rigole plus.

- Rends-les-moi, chuchote-t-elle.

- **Rends-moi mon slip Superman,** répond Maxou.

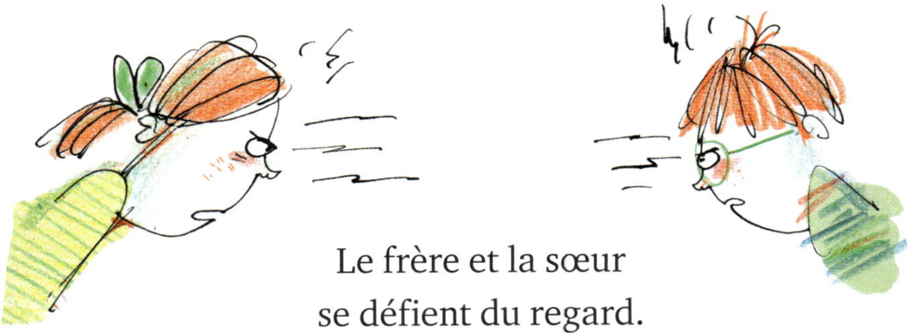

Le frère et la sœur
se défient du regard.
La voix de Maman les interrompt :

Mais aucun des deux ne veut céder.

C’est là que Toto s’avance, son slip Babar à la main.

Juliette répond :

- On t'a déjà dit qu'il était trop petit.

Et Toto s’éloigne, vexé.

– Qu’est-ce que vous attendez ? râle Papa.

Maxou et Juliette sont bien obligés de filer s’habiller.

Une fois seule dans sa chambre, Juliette fait moins sa maligne. Pas question d'aller à l'école sans culotte ! Si elle met une robe, elle a trop peur qu'on voie ses fesses. Si elle met un pantalon, cela risque de gratter.

Soudain, elle se souvient du fameux **slip Superman.** Et pourquoi pas ? Juliette fait presque la même taille que Maxou. Le slip devrait lui aller.

Juliette le récupère là où elle l'a caché, et elle l'enfile sous son pantalon.

« C'est juste pour une journée, pense-t-elle. Et personne ne le verra. »

CHAPITRE 4

Juliette en slip

Sur le chemin de l'école, Juliette marche accompagnée de ses deux frères.

Elle avance d'un bon pas pour montrer qu'elle est très à l'aise. Maxou la regarde d'un air bizarre. Il se demande ce qu'elle a sous son pantalon :

– Comment tu as fait ?

Juliette garde les dents serrées. Elle ne tourne même pas la tête vers lui. Maxou a compris.

– T'as mis mon **slip Superman !**

Juliette rougit. Maxou prend un air intrigué…

En arrivant à l'école, il dit pour l'embêter :

– Attention, je le vois qui dépasse.

Juliette se retourne paniquée, mais le slip ne se voit pas. De loin, Maxou lui chuchote :

– Fais bien attention !

– Même pas peur, répond Juliette.

Elle a beau se dire que rien ne se voit, elle n'en est pas sûre. Pas très rassurée, elle avance au milieu de ses copines.

Dans la classe, tout se passe bien. La maîtresse ne remarque rien.

À la récré, Juliette reste sagement à papoter, sans courir ni sauter. Mais même comme cela, elle a peur que le gros **élastique** du slip dépasse, peur de glisser ou de tomber. Alors, toutes les cinq minutes, elle tire sur son pull, pour qu'il recouvre ses fesses.

Quant à Maxou, pour une fois, il ne joue pas au foot comme un dingo. De loin, il surveille Juliette, avec un petit sourire aux lèvres.

À la fin de la journée, Juliette a hâte de rentrer. Tout s'est bien passé mais elle en a assez de ce slip qui fait des PLIS dans son pantalon. Quand elle retrouve ses frères, elle fait encore semblant de sourire comme si tout allait bien.

Juste avant d'arriver à la maison, Maxou demande, très sérieusement :

* En anglais, « woman » veut dire « femme ».

Il a demandé cela sans rigoler, avec un air bizarre comme s'il attendait qu'elle lui dise quelque chose. Comme si elle allait lui raconter sa journée !

« Il est vraiment ZINZIN ! »

se dit Juliette. Elle le regarde et sa fureur remonte, plus forte que jamais. Elle pense : « Ah, tu m'as obligée à porter un slip ! Eh bien, demain matin, tu feras moins le malin. »

CHAPITRE 5

Slips/culottes : match nul

Le lendemain, quand ils se retrouvent sur le chemin de l'école, ni Maxou ni Juliette ne parlent. Ils avancent même un peu bizarrement.

Juliette regarde Maxou. Elle se demande ce qu'il porte sous son pantalon.

Il lui a volé toutes ses **culottes.** Alors hier soir, elle lui a volé tous ses **slips !** Jusqu'au dernier.

Ce matin, personne n'a voulu céder. Ils ont donc été obligés de **se débrouiller.** Et pour qu'il comprenne bien qu'elle ne craint rien, Juliette a remis le slip Superman et une robe ! Quant à Maxou, il a dû se servir dans le stock de culottes volées à Juliette.

Arrivée devant l'école, Juliette lance à Maxou un regard de défi. Mais Maxou ne recule pas. D'un pas décidé, il entre dans l'école. En plus, il a mal choisi son jour pour faire la guerre des slips.

Aujourd'hui, il y a **sport**.

D'habitude, Maxou adore. Mais là, comment va-t-il faire pour se changer dans les vestiaires ? Si ses copains le voient en culotte, ils vont se moquer de lui et ce sera…

Dans les vestiaires, lui qui bouge sans arrêt reste assis sagement sur le banc…

Évidemment, toute la classe s'en aperçoit et le maître lui dit :

- Maxou, tu as oublié ta tenue ?

- Je me sens un peu malade…

Sans rien dire, le maître pose la main sur le front de Maxou.

– Frais comme un glaçon !

Allez hop, en tenue, CHAMPION !

– Faut que j'aille aux toilettes, répond alors Maxou, en attrapant son sac.

Le maître lève les yeux au ciel et tout le monde attend que Maxou se change.

Au retour de la gym, Maxou repart s'enfermer aux toilettes. Cette fois, le maître n'en peut plus et Maxou récolte une punition.

Mais Maxou est soulagé :

« Ouf, l'important c'est que personne n'ait vu la culotte ! »

Alors à la récré, il suit des yeux Juliette en marmonnant :

« Tu vas me le payer ! Je vais te ratatiner ! »

De son côté, Juliette lui fait un petit clin d'œil.

C'est alors qu'une copine s'avance vers elle et lui propose de jouer à l'élastique.

Juliette hésite, forcément… Mais Maxou la regarde. Il a l'air de dire : « ALORS, T'AS PEUR ? »

Et elle est bien obligée d'accepter de jouer.

CHAPITRE 6

Le secret du slip

Le jeu commence. Juliette saute, vole et retombe parfaitement, les pieds là où il faut.

De son côté, Maxou ne perd pas sa sœur des yeux. Juliette fait un double saut en arrière, le truc le plus dur de l'univers. Elle a les élastiques enroulés sur ses jambes.

Hop en avant, hop en arrière.

Gagné ! C'est la première fois qu'elle réussit !

La sonnerie retentit. Juliette se précipite pour faire son dernier saut, et c'est là qu'elle trébuche ! Elle tombe par terre, robe relevée, fesses à l'air. Et tout le monde voit… le slip **Superman,** avec son tissu bleu et rouge et son petit bonhomme sur le derrière.

Juliette voudrait disparaître. Et Maxou pareil.

Malheureusement, ce n'est pas possible.

Déjà, les copines de Juliette s'avancent :

– Tu portes un slip de garçon ! Un slip Superman ?

Quant aux copains de Maxou, ils ouvrent de grands yeux.

– Hé, Maxou, ce serait pas TON slip Superman ?

Juliette et Maxou sont bien embêtés.

Devant l'attroupement, les maîtres et les maîtresses s'approchent.

– Qu'est-ce qui se passe, ici ?

– Rien du tout, répond Juliette.

– Vous êtes sûrs ?

– Rien du tout, répète Maxou.

Quand les adultes s'éloignent, les copines de Juliette redemandent :

- C'est quoi, ce slip Superman ?

Et cette fois, elles veulent une réponse.

Maxou sent que Juliette va parler. Elle en a marre de cette histoire. Elle va leur dire la vérité, leur raconter la guerre des slips. Et tout le monde va demander à Maxou la couleur de sa culotte.

La honte !

La honte, la honte !

Juliette ouvre la bouche. Maxou retient son souffle. Et là, au lieu de parler, elle lui sourit. Alors, il comprend qu'elle ne dira rien. C'est son petit frère, quand même. La guerre des slips, c'est juste entre eux deux.

Maxou lui SOURIT en retour. Il aimerait bien l'aider. C'est sa grande sœur, quand même. Sa Juliette. Sa meilleure ennemie. Alors, il se décide. Bien fort pour que tout le monde entende, il dit :

Comme les copains ouvrent de grands yeux, il continue :

– Grâce à mon slip porte-bonheur, tu les as épatées à l'élastique !

– Un slip porte-bonheur ? répètent les copains, comme s'ils ne comprenaient pas.

– Un slip porte-bonheur ! répètent les filles, qui n'en croient pas leurs oreilles.

– Si elle a gagné à l'élastique, explique Maxou, c'est grâce à mon slip Superman !

– C'était ça ton secret pour marquer des buts au foot ? demandent les garçons.

– Nous aussi, on en veut un, disent les filles.

Et tous demandent :

On ne parle plus que du slip Superman, celui qui fait GAGNER !

Juliette regarde Maxou.

– Sauvés, murmure-t-elle.

– On a eu chaud aux fesses, répond Maxou.

Et tous les deux rigolent.

Chapitre 7

Le slip magique

Juliette et Maxou passent chercher Toto à la maternelle. Puis tous ensemble, ils rentrent.

Gentiment, Juliette demande à Maxou :

– Comment s'est passée ta journée ?

Son frère fait la grimace. Il raconte la gym, les vestiaires, la punition.

Juliette sourit et elle dit :

– Je t'aiderai à la faire, ta punition.

Puis elle ajoute :

– Le slip porte-bonheur, c'était une super bonne idée. Merci.

Maxou prend son air fier.

C'est là que Juliette ne peut s'empêcher d'ajouter :

– C'était quand même un peu bizarre !

– Mais c'est la vérité, répond Maxou, indigné.

Alors Juliette comprend qu'il y croit vraiment. Elle a envie de se moquer de son frère. Puis elle se dit qu'il est *super mignon*. Il croit encore au pouvoir magique des habits ! Alors tout doucement, pour lui faire plaisir, elle dit :

– C'est vrai. Je n'aurais jamais gagné sans le slip Superman.

Maxou se redresse tout content. Juliette rigole discrètement.

C'est alors que Toto s'arrête. Il a tout écouté.

- Magique ! répète-t-il.

Vite, il demande :

– Je pourrais mettre le SLIP MAGIQUE ?

Mais Maxou secoue la tête. C'EST

Il en a marre qu'on lui pique son slip !

Pourtant Toto insiste :

– J'arrive pas à bien colorier. La maîtresse, elle dit que je dépasse.

Maxou et Juliette se regardent en souriant. Si c'est une urgence, alors…

– Tu pourras le mettre, dit Maxou.

– Une fois lavé, ajoute Juliette, parce que je le porte depuis deux jours.

Alors Maxou et Juliette se regardent. Ça leur donne une idée. Ils se penchent vers leur petit frère et lui demandent :

– Ça veut dire que tu es grand ?

– J'suis grand, répète Toto, tout fier.

– Assez grand pour mettre le couvert ? dit Juliette.

– Assez grand pour faire des farces ? ajoute Maxou.

– Oui, répond Toto.

Puis Juliette et Maxou disent en même temps :

– Assez grand pour jouer à la guerre...

Vite, ils se tournent vers Toto :

– T'es dans quel camp ?

Toto les observe l'un après l'autre puis il répond :

– Je suis dans le camp de celui qui portera mon slip Babar !

Dans la même collection

Mystère et chocolat
Jean Alessandrini, Guillaume Long

La villa d'en face
Boileau-Narcejac, Anne Simon

Victor, l'enfant sauvage
Marie-Hélène Delval, Sacha Goerg

Mon copain bizarre
Jean Guilloré, Serge Bloch

C'est dur d'être un vampire
Pascale Wrzecz, Boiry

Les cent mensonges de Vincent
Nicolas de Hirsching, Guillaume Plantevin

L'île aux pirates
Arnaud Alméras, Joann Sfar

Le mariage de Mémé sorcière
Évelyne Reberg, Mérel

Le mégatruc
Céline Claire, Guillaume Long

L'invitée royale
Marie Vaudescal, Irène Bonacina

Ma copine Vampirette
Ségolène Valente, Emmanuel Ristord

La bataille des slips
Anne-Isabelle Lacassagne, Fred Benaglia

Le cross des écoles
Jean Tévélis, Benjamin Bachelier

Le mot interdit
Nicolas de Hirsching, Claire de Gastold

L'Indien qui ne savait pas courir
Leigh Sauerwein, Urs Landis

Une grand-mère au grand cœur
Marie-Christine Hendrickx, Grégory Elbaz

L'atroce monsieur Terroce
Nicolas de Hirsching, Serge Bloch

Une petite bête chez Vampirette
Ségolène Valente, Emmanuel Ristord

Sauvons la maîtresse
Nicolas de Hirsching, Pierre Van Hove

L'enfant bleu
Jean-Marc Ligny, Sébastien Pelon

Noël à tous les étages
Marie-Aude Murail, Boiry

Les trois étoiles
Gwenaëlle Boulet, Aurélie Neyret

Une petite soeur tombée du ciel
Jo Hoestlandt, Frédéric Rébéna

L'oncle Giorgio
Marie-Aude Murail, François Maumont

Kazué et le musicien
Patricia Berreby, Cécile Carre

L'espionne
Marie-Aude Murail, Frédéric Joos

Une nuit à Vampire Park
Ségolène Valente, Emmanuel Ristord

L'espionne fonde son club
Marie-Aude Murail, Frédéric Joos

Ma mémé sorcière
Évelyne Reberg, Mérel

La maîtresse est amoureuse
Jo Hoestlandt, Clotka

Mon aventure sous la terre
Jean-Marie Defossez, Didier Balicevic

Vacances de FOOT!
Elsa Devernois, Laurent Audouin

La lettre mystérieuse
Véronique Massenot, Aurélie Guillerey

L'espionne à votre service!
Marie-Aude Murail, Frédéric Joos